RECUERDOS Y SOMBRAS

Daniel M. Cabarga

Colección ites

RECUERDOS Y SOMBRAS

© Daniel Martínez Cabarga
© Corrección ortotipográfica:
   Álvaro Martín Valcárcel
© Diseño de portada: Sara Negreira
© de esta edición: Olé Libros, 2024

ISBN: 978-84-10053-72-4
Depósito legal: V-3516-2024
Impreso en España

KALOSINI, S. L.
Grupo editorial olélibros
equipo@olelibros.com
www.olelibros.com

A mi rojo ideal

La rosa es sin porqué,
florece porque florece.

ANGELUS SILESIUS

PALABRAS DE JUSTIFICACIÓN

Escribo esto justo un año después de que nos conociéramos. Hace un año que te hablé y te hice reír por primera vez. Hace un año todavía faltaban algunas horas para que me dieras ese beso que desde entonces he recordado cada día. Intento describir en este libro todos esos recuerdos y esas sombras que han pasado por mi corazón a lo largo de este año. Se parecen, los recuerdos y las sombras, si te paras a mirarlos. Los dos son el reflejo de algo que pertenece al pasado, algo que ya no existe ni volverá a hacerlo nunca.

Ni todo el dolor del mundo haría que se quemara en la hoguera lo que siento desde aquel 24 de junio. No importa realmente el dolor que en algún momento haya podido sentir, pues la luz que se refleja en el recuerdo de aquel beso haría desaparecer cualquier sombra que pueda existir. Ese recuerdo es el amor eterno que sentiré por ti hasta que se apague mi mirada. Hoy hace un año que conocí el amor y la vida, y si pudiera, volvería a nacer cada día en aquel 24 de junio. Prométeme amor y dolor infinitos. Te querré hasta que se queme mi amor en esa hoguera de San Juan que me vea reflejado por última vez en tu mirada celeste.

RECUERDOS

Voy a escribir hasta ver
una amapola en mis versos
y un clavel en tu oreja.

Amapola

A una amapola entre el verde
en su inmensa soledad
le di el regalo de la muerte.

El río baja para verte,
el sol visita tu rostro,
mis ojos se abren complacientes.

¡Oh, Amapola, qué suerte!
Hoy mueres junto a ella,
lo que miro tú lo tienes.

Amapola, dinos qué sientes
al morir junto a esos ojos
que te miran para siempre.

Donde tú estás quiero verme,
devuélveme el favor
y arráncame del verde.

ME ENAMORÉ DE TI

9 de mayo de 2024

Me enamoré de ti
en el abrazo
de una despedida.

No me quise despedir
y entonces sentí
que te quería.

Qué fácil si fuese así,
solo sentir,
la vida.

Su mirada celeste

27 de febrero de 2024

Cuando me mira soy el mar,
pues sus ojos reflejan en mí
el mismo azul que refleja el cielo.

Y en la noche la oscuridad
que sus párpados me hacen sentir
hacen de su despertar un anhelo.

¿Crees que mis ojos podrán
hacerte sentir a ti
lo mismo que a mí tu sueño?

¿Será el marrón de mi mirar
suficiente para que al fin
se refleje en ti mi deseo?

Nuestras sombras

14 de abril de 2024

El sol en la tierra retrata el amor.
Nuestras sombras se abrazan
formando un espejo del alma.

Y ahí estamos los dos,
plasmando en el suelo quemado
recuerdos con forma de espalda.

Resulta que eso es amor,
recuerdos plasmados en sombras.
Recuerdos y sombras.

Canción de abril

A Federico García Lorca

Abril
es principio y es fin.
Primavera que llega
y un año se va para mí.

Prolonga su ocaso
esta tarde infeliz
y sorprende mi cara
el aroma de abril.

Al abrir mi ventana,
adormecen mi cama
la hierba quemada
y mis ganas de ti.

Abril, tantas veces te vi
y te pedí que volvieras,
que trajeras tu incendio
a mi eterno invierno gris.

Veintitrés abriles
sin conocerte viví
y en veintitantos soñé
que ya estabas aquí.

Tráeme felices ocasos,
tú que fuiste el primero
que oíste mi triste canto,
abril.

Clavel mío

Querer no es suficiente
al explicarte lo que siento,
eres la luz que al fin derrite
nieve eterna de mi invierno,
eres la arena en mi reloj,
pues sin ti se para el tiempo
y cada grano me recuerda
que no estás y no te tengo.

Te querré cada vez más,
como la ola quiere al viento
y al romper regresa al mar
a buscar un nuevo encuentro.

Cómo no quererte a ti,
que enamoras con un gesto
y coloreas el jazmín
del color de tu reflejo.
Devolverías a la vida
con tu amor al clavel seco,
que en tu ausencia lloraría,
son mil años, mil recuerdos.

Te querría aunque no estés,
tú no lo hagas de momento,
no te seques, clavel mío,
no hagas caso a mis lamentos.

Tacto

Tardía noche de sueño ausente
despierta el amor en el sol dormido.

Al acercarte tu pelo desprende
un recuerdo de por qué respiro.
La luna en la noche palidece
al ver que tu amor es mío.

Se juntan en tactos corrientes
dos almas en cuerpos perdidos.

(Mi frente y tu frente,
mi brazo y tu espalda,
mi insomnio por verte,
tu pelo en mi cara,
tu pierna en mi rodilla,
alma y destino,
mi nariz en tu mejilla,
tu amor y el mío).

La luna me deja verte.
El sol despierta el olvido.

Negado de amor

Escribo sobre el amor
aunque nunca fui amado.
Escribo sobre una muerte
que yo nunca conocí.

Qué podría yo escribir,
un poeta que es negado
de un amor que le ha encontrado
y de horrores que vivir.

Escribo a mis recuerdos,
a esos dos azules claros,
a ese beso de verano,
es lo único que fui.

Fue el primero que escribí
y desde entonces no ha cambiado,
en cada verso que hago
                    siempre escribo para ti.

ENTRETANTO

Qué caprichoso
el tiempo
que decide
seguir su camino.

Las flores que arranqué

En una mañana fría
pienso en ti y en nosotros.
¿Llegará el día en que dibujes
el amor que yo conozco?

En otra vida,
esa que no conozco todavía,
llenas mi corazón de horas
en las que pintas amapolas.

Pinta mis labios y mi carne,
si hace falta, con mi sangre.
Pinta el beso que me diste
en despertares del eclipse.

Pinta cada día
de azules, rojos y lilas.
Pinta las flores que arranqué
y las que pronto arrancaré.

Pinta esa vida,
esa que no conozco todavía.

El beso

¿Merece la pena vivir
después de haber sido ese beso
y que ahora se mueran mis labios
por estar solitarios y secos?

Hoy contesto
al muro de mis lamentos.
Vivo por ese beso,
hoy soy ese beso.

Vivo en mañanas que tallan
en piedra celestes reflejos
y guardan en muros el viento
que un día tocaba tu pelo.

Vivo mirando esos labios
que buscan un último encuentro
y juran dejarme por siempre
el sabor del amor que me dieron.

Siempre seré yo ese beso
que vive el eterno momento.
Resuenan de junio los ecos
que cantan: hoy soy ese beso.

Bologna-Firenze

Camina el tren y yo a su lado
siguiendo el ritmo de su amor.
Y en el andén nuestras dos almas
van recorriendo la estación.

¡Ya es tarde,
corre, corazón!

Quedan atrás los recuerdos
de la roja torre del reloj
y tus susurros en los arcos
que solo conozco yo.

Ya la veo allí a lo lejos,
es la ciudad de San Juan patrón.
Te está esperando allí su hoguera,
dame otro beso en su calor.

¡Ya es tarde,
corre, corazón!

Espera Santa María Novella
guardando en piedras tu pasión
y cuando la mire tu celeste
tornará el verde en su color.

Camina el tren y yo a su lado
siguiendo el ritmo de tu amor.
Escucha el ruido de las vías,
te grita el último vagón.

¡Ya es tarde,
corre, corazón!

LA MIA RAGAZZA

En la ciudad más bonita,
de las mil y una estatuas,
de las mil y una iglesias,
de las mil y una estampas.

En la ciudad de los raptos
de pasiones intactas
congeladas en el tiempo
que está quieto sobre el mapa.

Monumentos imponentes
en sus fuentes guardan
las miradas de esos hombres
que en sus aguas se desmayan.

No soy yo uno de esos hombres
que perdió sus ojos en el agua.
Otro azul es el que explora
eternidad en mi mirada.

No merecen el mármol verde
ni esas caras de la plaza
ser mirados por los ojos
que hoy miran a mi *ragazza*.

Que guarden todos los siglos
este amor de mi mirada
y que quede en ese mármol
que su rostro iluminaba.

NOSTALGIA

Sé que moriré porque
ya morí otras veces.
Encontré la muerte
en todos esos lugares,
en todos esos besos.

Cuál será en esta vida
mi gran nostalgia.
¿Será este amor que siento ahora?
¿Serán estas montañas
que hoy me miran
y que guardan mi inocencia?
¿Serán esos lugares que vi
y en los que quise quedarme?

Si me hubiera quedado allí,
no hubiera sentido tu beso,
lo que sentí en tus labios.
Si me hubiera quedado allí,
no hubiera contemplado tus ojos.

Por qué no puedo estar
en Mallorca,
en Roma,
en Viena,
en Florencia,
en Bolonia,
en Cerdeña.
En todas a la vez.

Por qué no puedo estar
en tu beso.
En todos a la vez.
Es necesario morir
para vivir el recuerdo.

Per sempre

Querré retener el verde,
detener el crecer del césped.
Querré ser ese
que se refleje
en el celeste
que ve enfrente.
Estremecerme.
Teje en redes
este querer que crece.
Querré quererte.
Te querré.

Qué sería de mí

Y qué sería de mí
si no llorara mi destino,
si no tuviera esta pena
por saber que no me quieres.

Sería entonces la vida
como la de esa bella flor
a la que nadie arranca del suelo,
a la que nadie concede la muerte.

Necesita la flor del deseo
para poder llegar a la muerte
o morirá sin haber vivido,
vivirá habiendo muerto siempre.

Laberinto

Busco una fuga en mi mente,
un callejón por el que escapar,

pero todos los caminos
de este laberinto
que es mi corazón
me llevan a ti.

Llego a callejones sin salida
que me piden que huya
y conozca otras vidas
que no tengan recuerdos.

En esas vidas me enamoro
del mundo y de Nápoles,
no tengo patria ni amor.
En esas vidas no vivo ni soy.

Sin salida el callejón,
doy la vuelta y te veo.
Te veo de nuevo
en mi mente sin fugas.

Me da miedo recordarte.
Me da pánico olvidarte.

ETERNAMENTE

Hoy he vuelto
a quererte
más que nunca.
Igual que siempre.

SOMBRAS

Se consume mi vida
entre días lluviosos.
Hoy llueve del cielo
lo llovido en mis ojos.

TRISTEZA QUE INVADE MI CALMA

17 de marzo de 2024

Tristeza que invades mi calma,
¿por qué me visitas sin razón?
Si yo te temí como acordamos
y hasta en tu ausencia sentí dolor.

¿Por qué llenas de pena mi alma
y vacías de esperanza el corazón?
Lo prefiero insensible al sentir dolor.
¡Llévatelo!
Yo no lo quiero si está vacío,
ya no lo quiero llenar de amor.

ENTRE LA DESPEDIDA Y EL ENCUENTRO

Se prolonga en el tiempo
cada vez más la tortura
entre nuestra despedida
y ese encuentro que me juras.

El humo llena en mi mano
el vacío que deja la suya.
El olor del cigarro en la mía
adormece el recuerdo a la tuya.

Siento calma,
luego culpa.
Mis tormentos
añoran la luna.

Abandona mi mano en silencio
ceniza que al suelo susurra.
El tiempo consume mi llanto.
El amor en mis dedos se apura.

Rosa eterna

¿Por qué no te vas, Amor?
Por qué no me abandonas
y me dejas que me pudra.

No más esperanzas, Amor.
No más noches a solas
entre lamentos y dudas.

Mátame con tu traición
desesperanzadora,
regálame locura.

No más noches de amor.
Moja la eterna rosa
con mi pena entre la lluvia.

QUISIERA VIVIR

Quisiera vivir en un mundo
en el cual el amor no rehúya mi encuentro.
Lo conozco y lo veo en tus ojos,
en mis sueños de antiguos recuerdos.
Cruel la manzana que tienta mi alma
y que yo ya probé en algún tiempo.
Quisiera vivir en un mundo
celeste.
Color del amor que me ofreces,
ausente y presente al momento.
Quisiera vivir en un mundo
y no es este.

MALDIGO CADA VERSO

Maldigo cada verso
que escribí en estos poemas.
No por buenos o por malos,
son nacidos de la pena.

Por qué no me permites
ser poeta en dicha buena
y cada noche definir
el amor de mil maneras.

Me gustaría poder decir:
soy la horquilla en su melena,
soy la letra en sus palabras,
solución en sus problemas,

soy esa mano que encaja
en su mano tan perfecta
y el reflejo en su mirada
que refleja mi alma llena.

Pero aquí me encuentro,
una vez más siendo nada,
escribiendo lo que maldigo
y maldiciendo mi pena.

Se ríe de mí el amor

1 de mayo de 2024

Se ríe de mí el amor.
Una vez más se expone
ante mis ojos.
Una vez más desaparece
en el horizonte.
Una vez más se lo dan a otro.

Una vez más
un corazón de lágrimas
vacía mi rostro.

Una vez más.
Pero ya no habrá más,
ya no queda un nosotros.

RECUERDO ESA NOCHE

Tres horas.
Pasaron meses.
Fueron tres horas.

Recuerdo esa noche
como la más oscura
jamás vista.
La oscuridad era total
pero podía ver.
Podía ver lo que quisiera
pero no quería ver.
No quería ver
lo que podía ver.

Había luz en algún lugar
pero no podía ir.
No me podía mover
de la oscuridad.
La propia oscuridad
me retenía.
La oscuridad iluminaba
un muro transparente.
No quería verlo
pero lo podía ver.

Recuerdo esa noche
como la más oscura
jamás vista.
Hoy no puedo ver
los rostros de esa noche.

Hoy no puedo ver
los límites del muro.
El muro sigue ahí.
No sé a qué lado estoy
pero el muro sigue ahí.

Tres horas.
Pasaron meses.
Fueron tres horas.

DESHOJADO

30 de abril de 2024

Todo lo que escribí,
nada sirve.
No me quiere.

Ya no me hablan esos versos
de alfabetos
que me hieren
y retumba en mi cabeza
la palabra
cierre.

Se marchita la amapola
de pétalos
ausentes.
Se acabó el me quiere
no me quiere.
No me quiere.

TE FUISTE, ABRIL

Te fuiste, Abril.
Y no trajiste nada
de lo que prometiste.

Solo dolor.

Mi condena

Nada importa
si al final a todos llega
la condena de Meursault.

Nada importa,
ni los rojos ideales
ni promesas infernales.

Ni siquiera importo yo,
ya hace tiempo que un abril
me colocaron esta pena,

esa espada de Damocles
desde arriba me recuerda
que yo vine de la nada
y que la nada aún me espera.

Temo allí de donde vine,
pero más lo que se acerca,
esa nada no fue igual,
nunca dijo ser eterna.

Si pudiese yo apreciar
esa oscuridad que acecha
y sentir en ese instante
que esa nada no es tan plena.

Si hubiese un instante eterno,
pudiese elegir mi pena,
moriría en aquel beso
de esa noche en luna nueva.

Pero ya hace mucho tiempo
que conozco mi condena
y ese beso marchará
con mi cuerpo entre la tierra.

VEN

Quería escribirte, pero no estás.
No estás en esta noche temblorosa.
Sí está mi acelerada sangre
que trae mensajes
de un insistente corazón.
Están mis lágrimas ausentes
en dos ojos vacíos, sin vida.
Tiembla en la noche tu silencio.

Pero mi corazón insiste
y te querré mientras tanto.
Eterno castigo.

LA VENTANA

Desde mi ventana veo un mundo ideal.
En ese mundo no me importan las guerras,
ni las injusticias,
ni el odio.

Si me asomo a ese mundo,
veo desde arriba cómo caminamos
mientras agarro tu mano
en una mañana borrosa.
En ese mundo hago fotos a flores cada día.
Arranco la última amapola del mundo
y mi amor por ti justifica su muerte.

En ese mundo escribo poemas
de un amor correspondido.
Es un mundo de amor que ignora la muerte.

Veo un mundo sin dudas ni miedos,
un mundo sin temblor,
un mundo sin ventanas a las que asomarse.

Esperanza

¿Existe peor castigo
en este mundo
que la esperanza?
Vivir anclado a algo posible,
a ese anhelo
que algún día podría suceder.
Qué bonito lo imposible
que ni siquiera lo vemos.
Qué cruel lo improbable.
Vive el hombre por amor,
pero muere de esperanza.

El eco

Dijo alguna vez la blanca flor
no saber entre hablar o morir
qué es mejor.

Yo exijo la irremediable muerte
enmudecido ante la posibilidad
de un castigo inmortal.

Pues si cuento mi amor y mi pena,
el eco me devuelve una espada
que se clava en mi pecho.

Ese eco en su respuesta
solo trae lo que le mando
en mis palabras.

Ese eco trae mis dudas,
que rebotan en mi mente
y traen mis miedos,
que golpean en mis ojos
y me traen temblor,
que responde a mi alma
que le trae muerte.

Plegarias

¡Oh Suerte!
Seca el agua de tu fuente milagrosa.
No quiero mirarte a ti
cuando salga victorioso.

¡Oh Muerte!
Que vienes a buscarme silenciosa.
Sé que vienes a por mí
y aun así cierro los ojos.

Qué importa la vida si es suerte.
Qué importa la vida si es muerte.

PERDIDO

La muerte me busca.
Nadie viene a buscarme.
Yo encuentro la muerte.
Yo muero porque soy la muerte.

Castigo

Cómo sería una vida sin ti.
Sería una vida de olvido
o de llanto sin fin.

Entre las dos cuál elijo.
No se puede elegir
si es igual el castigo.

Si me alejo de ti,
queda mi corazón dormido
entre sombras de abril.

Si me quedo contigo,
mi corazón torna gris
por saber que ha existido.

Me hallo en el centro del fin,
corazón de testigo
en un gris y dormido sentir.

DÓNDE ESTAMOS

Estamos
bajo la misma luna.
Nos miran las mismas estrellas
que hoy no nos miran
porque estamos
bajo las mismas nubes.
Nos moja la misma lluvia
que nos empapa
con la misma pena.
Pero nunca estuviste tan lejos.

Reflejo

Luz de luna
que atraviesas las nubes
y llegas a mi cara,
atraviesa mis ojos
y regálame ceguera.
Castígame sin ver
mi mirada en la suya.
Mata mi esperanza
entre la eterna
penumbra.

REFLEJOS DE JUNIO

Estar contigo o no estar contigo
es la medida de mi tiempo.

JORGE LUIS BORGES

Todos los mares el mar

A Julio Cortázar

El sol es más bonito en su frontera con la sombra.
El mar es más bonito dependiendo de las rocas.
El valor que tiene algo está en las cosas que lo tocan.

CHIQUITÍN

A Tes

Sigue resonando en mi corazón
ese llanto en la primera despedida,
ese llanto del primero de febrero
que me dijo que tú siempre me querrías.

Ya no llores nunca más, mi chiquitín,
no me marcho en este día,
ni me marcho en esta noche,
ni me marcho en esta vida.

Cuando ya no estés conmigo,
qué será de mí en las noches frías.
Qué harán conmigo dudas y miedos.
Qué hará conmigo mi mente maldita.

Seré yo el que se quede llorando
en la eternidad la última despedida
y llevaré el corazón de tu espalda
marcado para siempre en la mía.

Quién escribe

Quién escribe estos versos
que aparecen en mi mente.
¿Los escribo yo realmente?
O los escriben tus labios,
tus ojos,
los besos que me diste...

Estos versos pertenecen
a un pasado diferente,
ajeno a este presente
en el que habito
lleno de pena y gritos,
pero contigo ausente.

Las palabras aparecen
en la ausencia de ese beso.
Ya no existe.
Ya no existo.
Yo solo escribo
lo que escribe alguien ausente.

AMAR

Al amor no le importa
ser amado,
el amor solo ama.

Y yo cumpliré
eternamente
mi función.

No importa
si me amas o no,
mi amor te amará.

Veintitrés

Este año conocí
la poesía y el amor.
¿Acaso no es lo mismo?

Este año conocí ese libro,
esa canción,
imaginé esa vida.

Este año escribí ese verso
sobre esa emoción,
viví ese instante.

Este año la conocí,
me conocí.
¿Acaso no es lo mismo?

RECORDARÉ

Yo sé lo que ha sido este amor,
ese amor que sin duda existió.

Existió en el collar que te regalé
y nadie más te regaló.

En los lugares que vimos
y nadie más vio.

En estos versos que escribo
y nadie más escribió.

Porque el amor cuando realmente existe
es intransferible.

Y seguirá ahí por mucho que acabe
algún día.

Y yo te recordaré.
Y recordaré Bolonia.
Y recordaré Florencia.
Y recordaré Marruecos.
Recordaré incluso los lugares
que no quiero recordar.
Y los recordaré solo
para recordarte a ti.

S

Momentos que duran para siempre,
como cuando ella se giró
para pedirte un beso de despedida.

No te diste cuenta ni de cómo se lo diste.
El momento se esfumó de repente.
El recuerdo no logra despedirse.

ÍNDICE

Sombras

Reflejos de junio